아홉 살 공부 습관 사전

마음

아홉 살 공부 습관 사전

마음

해피이선생 지음 | 홍차 그림

디선에듀

안녕하세요, 여러분. 🎵

여러분이 평소에 부모님께 가장 많이 듣는 말은 무엇인가요? 아마 이 두 가지일 거예요.

"이제 공부해."
"스마트폰 그만하고 책 좀 읽어라!"

학교에서도 선생님께서 여러분에게 '공부하라'는 말을 많이 하지요? 왜 어른들은 자꾸 우리에게 공부하라고 하는 걸까요?

공부를 왜 해야 되는지, 공부를 재미있게 할 수는 없는지, 어떻게 하면 공부를 잘할 수 있는지 궁금한 점이 많을 거예요.

『아홉 살 공부 습관 사전: 마음』은 여러분이 나만의 멋진 꿈을 찾고 즐겁게 공부할 수 있는 27가지 방법을 소개한 책이에요.

공부에 대해 궁금했던 점과 공부를 하면서 생겼던 다양한 고민들을 재미있는 그림과 이야기로 하나씩 설명해 줄게요.

이 책을 다 읽고 나면 공부하고 싶다는 마음이 쑥쑥 자라날 거예요. 과연 정말 그렇게 될지 지금부터 꼼꼼하게 읽어 보길 바랄게요.

여러분 모두 공부와 친해질 수 있기를 진심으로 응원해요!

해피이선생님이

차례

머리말 ... 4

CHAPTER 1 왜 공부를 해야 해요?
공부의 의미

1. **배움의 이유** • 공부하면 뭐가 좋아요? ... 12
2. **공부와 돈** • 공부하면 부자가 될 수 있나요? ... 16
3. **공부의 종류** • 나는 하고 싶은 게 많은데 엄마는 공부나 하래요 ... 20

   📗 **궁금한 게 있어요!** 공부와 학교, 도대체 누가 만든 거지? ... 24

4. **경험 쌓기** • 내가 좋아하는 유튜버처럼 나도 공부 안 할래요 ... 26
5. **공부 습관** • 오늘 안 하고 내일 더 많이 공부하면 안 돼요? ... 30
6. **공부의 재미** • 공부보다 게임이 훨씬 재미있는걸요 ... 34

   📗 **궁금한 게 있어요!** 공부에 관한 재미있는 속담 ... 38

7. **꿈 찾기** • 나는 꿈이 없어요 ... 40

어떤 마음으로 공부할까요?
공부 태도

- ⑧ **집중력** • 책상에 앉으면 자꾸 다른 생각이 들어요 — 46
- ⑨ **자기조절력** • 유튜브 조금만 보고 공부하려고 했는데…. — 50
- ⑩ **그릿** • 포기하지 않고 노력하면 나도 할 수 있나요? — 54
- ⑪ **호기심** • 궁금한 걸 참을 수 없어요 — 58
  - 📗 궁금한 게 있어요! 나만의 궁금증 해결 노트 만들기 — 62
- ⑫ **선의의 경쟁** • 무조건 1등이 제일 좋아요 — 64
- ⑬ **공부머리** • 나는 머리가 나쁜 것 같아요 — 68
- ⑭ **꼼꼼함** • 나는 문제를 제일 빨리 풀어요 — 72

CHAPTER 3 재미있게 공부하고 싶어요
공부 방법

- **15 공부법** • 재미있는 공부는 없나요? — 78
- **16 과목** • 좋아하는 과목만 공부하고 싶어요 — 82
- **17 수학** • 나는 숫자가 너무 싫어요 — 86
  - 📗 궁금한 게 있어요! 숫자와 친해지는 세 가지 방법 — 90
- **18 혼공** • 내 짝꿍은 혼자서도 공부를 열심히 한대요 — 92
- **19 독서** • 유튜브에서 다 알려 주는데 왜 책을 읽어요? — 96
- **20 글쓰기** • 글 쓰는 게 세상에서 제일 어려워요 — 100
  - 📗 궁금한 게 있어요! 일기와 독후감을 잘 쓰고 싶어요! — 104
- **21 암기** • 외우는 건 너무 힘들어요 — 106

CHAPTER 4 공부 습관을 만들어요
공부 습관

- **22 목표** • 목표가 꼭 있어야 하나요? — **112**
- **23 우선순위** • 우선 놀고 나서 공부하면 안 돼요? — **116**
  - 📗 궁금한 게 있어요! 우선순위를 잘 지키는 네 가지 방법 — **120**
- **24 공부 계획** • 공부에도 계획이 있어야 한대요 — **122**
- **25 복습** • 수업 시간에 배운 내용이 기억 안 나요 — **126**
- **26 공책 정리** • 공책 정리를 꼭 해야 하나요? — **130**
- **27 공부 일기** • 매일 공부한 내용을 확인해야 한다고요? — **134**
  - 📗 궁금한 게 있어요! 공부 일기를 어떻게 써야 해요? — **138**

CHAPTER

왜 공부를 해야 해요?

 공부의 의미

 공부하면 뭐가 좋아요?

내 이야기를 들어 봐

오늘 학교에서 요즘 최고로 인기 있는 아이돌 가수에 대해 친구들과 신나게 이야기했다.

"어제 TV에서 봤는데, 가수 아린이 메타버스에서 노래를 발표한대!"

메타버스가 뭐지? 그건 어떤 버스일까?
세미는 메타버스가 '가상우주'라고 설명해 주었다.

우와, 세미는 저런 걸 어떻게 아는 거지?
● 정말 똑똑하고 멋있다.
나도 세미처럼 똑똑한 사람이 되고 싶어.

배움의 이유

아는 만큼 세상을 넓고 크게 볼 수 있어요.

여러분은 '메타버스'라는 말을 들어 봤나요? 아마 들어 본 사람도 있고, 오늘 처음 듣는 사람도 있을 거예요. 메타버스는 가상과 초월을 의미하는 '메타(meta)'와 세계·우주를 뜻하는 '유니버스(universe)'라는 단어를 합친 말이에요. 가상현실보다 한 단계 더 나아가 사회·경제 활동까지 이뤄지는 온라인 공간을 말해요.

'메타버스'라는 말은 과거에는 없었지만 지금은 많이 쓰이고 있어요. 이 외에도 매일 수많은 것들이 새롭게 생겨나거나 바뀌고 있지요. **세상이 빠르게 변하면서 우리가 알아야 할 지식도 함께 늘어나고 있답니다.**

옛날 중국의 『장자』라는 책에는 "삶에는 끝이 있지만, 앎에는 끝이 없다"라는 구절이 나와요. 사람의 인생에는 끝이 있지만 배움에는 끝이 없다는 의미입니다. 앞서 설명한 메타버스처럼 새롭게 익히고 알아야 하는 것들이 점점 많아지고 있기 때문이에요.

"세상은 아는 만큼 보인다"라고 하지요. 여러분이 박물관에 갔을 때에도 고려청자와 조선백자를 아는 친구는 그 차이를 느끼며 재밌게 관람할 수 있어요. 하지만 잘 모르는 사람은 '아, 똑같은 도자기구나'라고 생각할 거예요. 이처럼 열심히 배우고 공부하면 아는 게 많아지는 만큼 세상을 넓고 크게 볼 수 있답니다.

배움의 이유

 연습해 볼까요?

내가 몰랐던 것을 알게 되었을 때의 기분이 어땠나요? 최근에 새롭게 배우거나 알게 된 것을 적고 그때의 기분을 떠올려 보세요.

새롭게 알게 된 것	알게 되었을 때의 기분
예) 세미가 메타버스가 무엇인지 알려주었다. 가상우주라고 한다.	예) 세미가 너무 똑똑하고 멋지다고 생각했다. 나도 세미처럼 척척박사가 되고 싶다.

2. 공부하면 부자가 될 수 있나요?

내 이야기를 들어 봐

내 꿈은 부자가 되는 것이다.

돈을 많이 벌어서

맛있는 음식도 실컷 사 먹고

내가 좋아하는 게임기도 잔뜩 사고 싶다.

선생님께서는 부자가 되려면

책을 많이 읽고 공부를 열심히 하라고 말씀하신다.

책을 읽는다고 돈이 생기는 것도 아닌데

정말 공부를 하면

부자가 될 수 있는 걸까?

공부와 돈

돈을 좇기보다 꿈을 위해 공부해야 해요.

부자는 재산, 즉 돈이 많은 사람을 뜻합니다. 돈이 많으면 갖고 싶고 먹고 싶은 것들을 고민 없이 다 살 수 있어요. 그래서 선생님을 포함해 많은 사람들이 부자가 되기를 꿈꿔요.

부자가 되려면 어떻게 해야 할까요? 선생님 반 친구들이 종종 이런 질문을 해요. 그럴 때마다 저는 부자가 되고 싶으면 공부를 열심히 해야 한다고 말해 준답니다. 그 이유를 알아볼까요?

여러분은 장차 무엇이 되고 싶은가요? 의사, 엔지니어, 유튜버, 과학자 등 다양한 꿈이 있을 거예요. 그 꿈에 가까워지려면 반드시 '공부'가 필요합니다. 무슨 일이든 공부로 충분한 지식을 쌓은 사람만이 원하는 꿈에 가까워질 수 있어요. 꿈을 이룰 수 있을 만큼 한 분야의 전문가가 된다면 돈도 많이 벌 수 있게 되지요.

사과 모양 상표로 유명한 애플 회사를 만든 스티브 잡스도 자신이 좋아하고 궁금한 분야를 열심히 파고들어 공부한 결과 가장 유명한 회사를 만들었고 부자가 될 수 있었어요.

하지만 만약 돈만을 목표로 삼고 공부한다면 욕심이 점점 더 커지게 될 거예요. 선생님은 여러분이 돈을 좇기보다는 꿈을 향해 달리는 사람이 되기를 바랍니다. 꿈을 갖고 그 꿈을 이루기 위해 열심히 공부하다 보면 돈은 자연스럽게 여러분에게 쌓인답니다.

공부와 돈

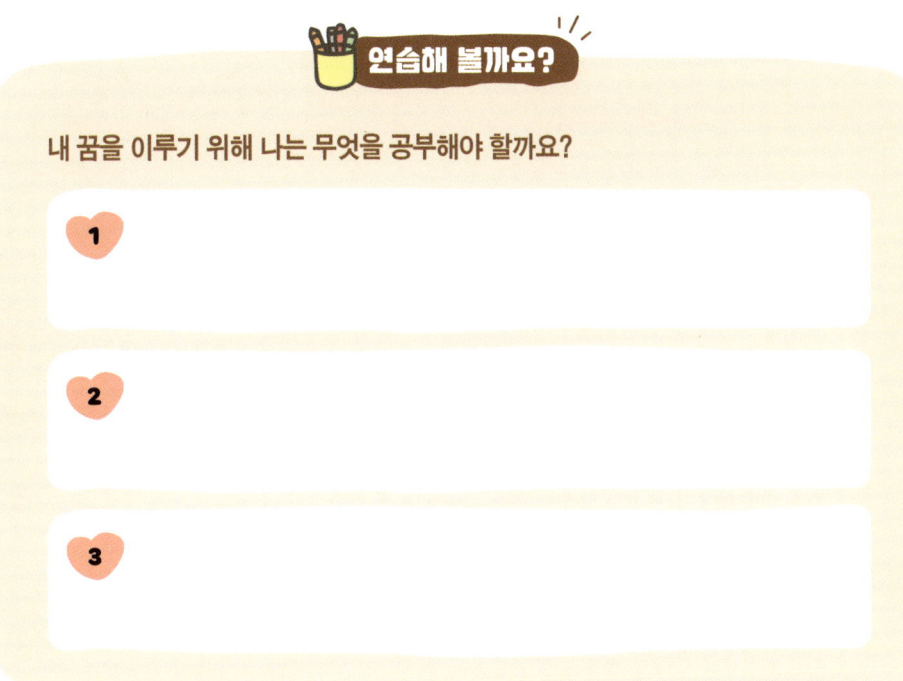

내 꿈을 이루기 위해 나는 무엇을 공부해야 할까요?

1.

2.

3.

3 나는 하고 싶은 게 많은데 엄마는 공부나 하래요

내 이야기를 들어 봐

나는 하고 싶은 게 너무너무 많다.

그림을 그리는 것도 재밌고,

신나는 노래에 맞춰 춤추는 것도 좋아한다.

특히 우리 반에서 축구도 제일 잘한다.

그런데 엄마는 항상 공부가

제일 중요하다고 말씀하신다.

공부를 다 해야 춤도 추고 축구도 할 수 있다.

나는 공부보다 하고 싶은 게 많은데

왜 못 하게 하는 걸까?

우리가 배우고 익히는 모든 공부가 중요해요.

　사실 국어, 영어, 수학 책을 보며 문제를 푸는 게 꼭 공부의 전부는 아니에요. 노래를 듣고 부르거나 악기를 연주하는 것, 그림을 그리거나 미술 작품을 감상하는 것도 모두 공부입니다. 또 달리기, 축구, 줄넘기를 하는 것 역시 공부에 해당되고요.

　학교에서 배우는 교과목도 국어, 도덕, 사회, 수학, 과학, 음악, 미술, 체육, 영어 등 다양하잖아요? 우리가 앞으로 살아가기 위해 알거나 갖춰야 하는 다양한 것들을 배우는 게 모두 공부입니다.

　부모님이 공부를 열심히 하라고 말씀하시는 건 수많은 공부 중에서 '학교 공부'를 의미하는 거예요. 물론 여러분들은 직접 경험하고 익히는 '세상 공부'가 더 재미있을 거예요. 학교에서 배우는 것들은 하기 싫더라도 꼭 해야 하는 때가 있지만, 일상에서 배우는 것들은 대부분 여러분이 좋아하는 활동들로 이루어져 있으니까요. 그래도 모든 공부는 골고루 해야 한답니다.

공부의 종류

모든 사람에게 똑같이 주어지는 게 무엇인지 알고 있나요? 바로 하루 24시간이에요. 시간이 무한대로 많다면 내가 하고 싶은 일만 할 수도 있을 거예요. 하지만 하루는 24시간으로 정해져 있기 때문에 내가 좋아하는 공부만 할 수는 없어요. 학교에서 배우는 것들도, 여러분이 좋아하는 활동들도 모두 중요해요. 그러니 시간을 잘 나눠서 두 공부 모두 골고루 해 보면 어떨까요?

연습해 볼까요?

내가 가장 하고 싶은 공부는 무엇인가요?

- 1위
- 2위
- 3위

그 공부를 좋아하는 이유는 무엇인가요?

공부와 학교, 도대체 누가 만든 거지?

재미없고 어려운 공부와 우리가 꼭 다녀야 하는 학교를 누가 만든 건지 궁금한 친구들이 많지요? 공부와 학교에 대한 별별 이야기, 선생님과 함께 알아봐요.

1 공부는 무슨 뜻인가요?

공부(工夫)는 '배우고 익히는 것'을 말해요. 중국에서는 무술을 뜻하는 쿵후와 공부의 발음이 똑같아요. 공부와 쿵후 모두 오랜 시간을 들여 열심히 노력해야 한다는 점도 똑같지요. 또 공부는 영어로 'Study'라고 하는데, 이 단어에는 '연구하다'라는 뜻이 있어요. 그리고 '서재'라는 뜻도 있답니다. 공부를 하려면 책을 많이 읽어야 하니 딱 맞는 뜻이지요?

2 학교는 언제부터 있었어요?

가장 오래된 학교는 고대 그리스 시대에 젊은 청년들이 신체를 단련했던 체육관으로 알려져 있어요. 우수한 군인을 양성하기 위해 격투나 검술 등을 가르쳤대요. 또 우리나라 조선시대에는 향교와 서당이 있었는데, 지금 우리가 다니는 학교와 같은 역할을 담당했어요. 이렇게 학교는 나라마다, 시대마다 이름은 다르지만 아주 옛날부터 있었답니다.

3 우리나라에서 가장 오래된 초등학교는 어디인가요?

우리나라에서 가장 처음 생긴 초등학교는 서울 종로에 있는 교동초등학교예요. 처음 이름은 '관립교동소학교'였어요. 1894년 9월 18일에 개교를 한 120년도 더 된 학교랍니다. 이 학교를 다녔던 학생들의 나이는 8~15세로 대부분 서당에서 옮겨 왔다고 해요.

혹시 초등학교의 옛날 이름을 알고 있나요? 처음에는 '소학교', 다음은 '보통학교', 그다음은 '국민학교'로 계속 이름이 바뀌다가 1996년에 지금의 초등학교가 되었답니다. 참 신기하지요?

4 내가 좋아하는 유튜버처럼 나도 공부 안 할래요

내가 제일 좋아하는 유튜버는

게임 방송을 한다.

게임도 잘하고 말도 재미있게 해서

인기가 정말 많다.

학교 다닐 때 공부도 못하고,

대학교도 안 갔다고 하는데

지금은 유명하고 멋진 사람이 되었다.

나도 이 사람처럼 유튜버가 될 거니까

공부는 안 해도 될 것 같아!

여러분은 평소에 유튜브를 많이 보나요? 사실 선생님도 유튜브를 자주 보고 심지어 직접 운영하고 있어요.

유튜브에는 수많은 채널이 있고 다양한 사람들이 나옵니다. 재능 많고 멋진 유튜버가 정말 많지요. 자신의 꿈을 찾아 유튜버가 된 사람들 중에는 학교를 다니지 않았거나 공부를 못한 사람이 있을 수도 있어요.

하지만 아무리 멋있어 보인다고 해도 그 사람을 무조건 따라 하는 건 좋지 않아요. 그건 그 사람들의 이야기이기 때문이에요. 우리에게는 각자의 인생이 있어요. 내가 좋아하는 사람을 본받는 자세는 좋지만 무조건 따라 하는 것은 위험하답니다.

만약 유튜버가 되는 것이 꿈이라면 오히려 더 열심히 공부해야 해요. 공부란 몰랐던 것을 알아 가는 모든 활동이라고 설명했지요? 공부를 하면서 세상을 보는 눈이 넓어지면 다양한 주제로 여러분만의 멋진 콘텐츠를 만들 수 있게 될 거예요. 내가 선택할 수 있는 이야깃거리가 많아진다는 뜻이에요.

  일단 공부를 열심히 해서 다양한 이야기를 할 수 있는, 준비된 사람이 되는 것이 우선이랍니다.

경험 쌓기

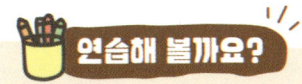

내가 좋아하는 유튜버는 누구인가요?

그 유튜버를 좋아하는 이유는 무엇인가요?

내가 만약 유튜브를 한다면 어떤 주제로 영상을 만들고 싶은가요?

5. 오늘 안 하고 내일 더 많이 공부하면 안 돼요?

내 이야기를 들어 봐

학교 숙제를 해야 하지만

서우랑 놀기로 했으니까 내일 할래.

책을 읽기로 엄마와 약속했지만

지금은 쉬고 싶으니까 나중에 할래.

일기도 써야 하지만

너무 졸리니까 자고 일어나서 할래.

자꾸 미루다 보니

해야 할 일이 산처럼 쌓였다.

이걸 언제 다 하지?

매일 조금씩 공부하면 나중에는 많은 양이 쌓여요.

〈개미와 베짱이〉 이야기를 알고 있지요? 겨울을 대비해 매일매일 열심히 음식을 모으는 개미와 아무런 준비도 하지 않고 노래를 부르며 놀기만 한 베짱이에 관한 이야기입니다. 겨울이 오자 베짱이는 춥고 배고파서 개미에게 음식을 나눠 달라고 부탁하며 게으름만 피웠던 지난날을 후회합니다.

공부도 마찬가지랍니다. 공부는 한꺼번에 몰아서 하는 것이 아니라 꾸준히 해야 해요. 매일 공부하는 습관이 있어야 하지요. 기분이 좋을 때에는 공부를 많이 했다가 기분 나쁘고 짜증이 날 때는 공부를 안 하면 점점 공부하기가 어려워집니다.

예를 들어 볼까요? 매일 영어 단어를 5개씩 외우는 다빈이가 있습니다. 그리고 친구인 주은이는 주말에 몰아서 단어를 외웁니다. 매일 영어 단어 5개를 외우는 것은 시간이 많이 걸리지 않아요. 크게 어렵지도 않고요. 심지어 매일 5개씩 외우면 일주일 뒤에는 35개 단어를 외울 수 있게 됩니다.

　반면 35개 단어를 한꺼번에 외우려면 시간도 많이 걸리고 어렵습니다. 단어를 외우기 힘든 주은이는 가끔 공부를 건너뛸 때도 있습니다. 그럼 2주 동안 70개의 단어가 쌓이게 되고 더더욱 외우기가 어려워집니다.

　하루 5개의 단어는 한 달이면 150개, 6개월이면 900개, 1년이면 1,800개로 늘어납니다. 지금 당장은 커다란 차이가 없어 보이지만 시간이 지나고 점점 쌓이면 나중에는 도저히 따라가지 못하게 된답니다.

공부 습관

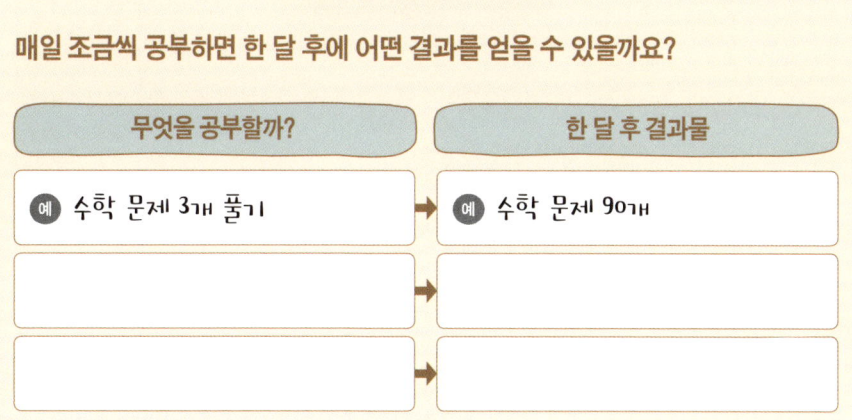

매일 조금씩 공부하면 한 달 후에 어떤 결과를 얻을 수 있을까요?

무엇을 공부할까?	한 달 후 결과물
예) 수학 문제 3개 풀기	예) 수학 문제 90개

6. 공부보다 게임이 훨씬 재미있는걸요

내 이야기를 들어 봐

요즘 우리 반에서 유행하는 게임이 있다.

조금만 더 하면 레벨을 올릴 수 있는데
엄마는 자꾸 게임을 그만하라고 말씀하신다.

"너 자꾸 게임만 하면 스마트폰 뺏어 버릴 거야."

내가 얼마나 열심히 레벨을 올렸는데
엄마는 잘 알지도 못하면서!

공부보다 게임이 훨씬 재밌는데
왜 못 하게 하는지 모르겠다.
하루 종일 게임만 하고 싶어!

공부도 게임처럼 재미있게 할 수 있어요.

혹시 게임을 싫어하는 친구 있나요? 아마 거의 없을 거예요. 게임을 하면 신나고, 재밌고, 시간 가는 줄 모르죠. 그건 선생님도 인정!

그런데 공부도 의외로 재밌는 점이 많답니다. 몇 가지만 꼽아 볼까요? 먼저 영어 단어를 열심히 외우면 평소에 뜻을 잘 알지 못하고 사용했던 단어의 정확한 의미를 알 수 있어요. 과학 시간에 수업을 열심히 들으면 아침에 날씨를 확인할 때 눈과 비가 왜 내리는지, 그 차이는 무엇인지도 알게 됩니다.

아는 게 늘어나면 친구들과 대화할 거리도 많아져요. 선생님 말씀도, 재미없는 뉴스도, 어려운 책도 쏙쏙 이해되고 말이에요. 이처럼 공부에는 내가 몰랐던 것을 알아 가는 즐거움이 있답니다.

공부는 마치 게임과 같아요. 처음 게임을 시작할 때는 캐릭터가 약하기 때문에 몬스터를 잡기도 어렵고 할 수 있는 일이 적어요. 하지만 열심히 레벨을 올리면 캐릭터가 점점 성장하고 강해지지요? 처음에는 잡지 못했던 몬스터도 이길 수 있고 새로운 기술도 쓸 수 있게 됩니다. 공부도 똑같아요. 공부를 열심히 해서 우리 머릿속에 지식이 차곡차곡 쌓이면 처음에는 잘 모르고 어려웠던 문제도 쉽게 풀 수 있게 됩니다.

　게임 속 캐릭터가 성장하는 것도 이렇게 신나고 재미있는데, 현실 속 내가 레벨 업을 한다면 더 기쁘겠지요? 선생님은 여러분이 공부를 통해 스스로 성장하는 재미를 느낄 수 있기를 바란답니다.

공부의 재미

내가 몰랐던 단어를 알게 되었을 때, 어려운 수학 문제를 풀었을 때 얼마나 성장한 느낌이 드는지 색칠해 보세요.

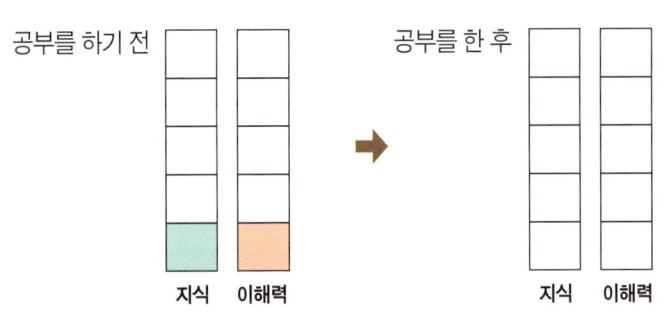

공부에 관한 재미있는 속담

아주 오래전부터 우리 조상님들은 '배움'을 중요하게 생각했어요. 그래서 공부에 관한 재밌는 표현이 많답니다. 공부와 관련된 속담을 알아볼까요?

1 가난도 스승이다.

가난하면 그 상황을 극복하려는 의지가 생기고 열심히 노력하기 때문에 가난도 가르침을 주는 스승과 같은 역할을 한다는 말이에요.

2 공부는 늙어 죽을 때까지 해도 다 못한다.

공부에는 끝이 없어요. 지식을 넓히고 그 수준을 높이기 위해서는 사는 동안 끊임없이 배우고 학습해야 한다는 말이에요.

3 구르는 돌은 이끼가 안 낀다.

오랫동안 가만히 있는 돌에는 이끼가 끼지만 움직이는 돌에는 이끼가 낄 틈이 없어요. 끊임없이 노력하고 꾸준히 활동하면 침체되지 않고 계속 발전한다는 의미랍니다.

4 흐르는 물은 썩지 않는다.

　고여 있는 물은 썩기 마련이에요. 무엇이든지 항상 노력하고 실천해야 뒤처지지 않고 발전할 수 있다는 말을 물에 비유한 속담이에요.

5 밥 한 술에 힘 되는 줄은 몰라도 글 한 자에 힘이 된다.

　밥을 한두 끼 잘 먹었다고 크게 몸이 좋아지지는 않지만, 글은 한두 자 더 배우면 그만큼 정신적인 양식이 늘어나요. 이처럼 배움이 힘이 된다는 것을 알려 주는 속담이에요.

6 배워서 남 주나?

　공부는 나를 위해서 하는 것입니다. 무엇이든 배우고 나면 다 자신에게 유리하게 이용될 터이니 열심히 배우라는 뜻이랍니다.

7 사흘 책을 안 읽으면 머리에 곰팡이가 슨다.

　머리는 쓰면 쓸수록 똑똑해집니다. 반대로 자주 안 쓰면 굳게 되지요. 책을 자주 읽지 않으면 생각이 잘 안 나고 기억력이 떨어지게 된다는 속담이에요.

7 나는 꿈이 없어요

오늘 학교에서 "나의 꿈 그리기" 수업을 했다.

앞으로 20년 후에 내가 어떤 일을 하고 있을지
상상해서 그림으로 그리는 시간이었다.

내 짝꿍 시우는 열심히 그림을 그린다.
소방관이 되고 싶다고 한다.

나는 무엇을 그려야 할지 모르겠다.
난 어른이 되어도 하고 싶은 게 없다.

꿈이 없는 내가 이상한 걸까?

공부는 꿈을 찾을 수 있게 도와줘요.

여러분의 꿈은 무엇인가요? 구체적인 직업이 될 수도 있고, 앞으로 어떤 일을 이루겠다는 목표가 될 수도 있어요.

선생님은 어릴 때부터 꿈이 여러 번 바뀌었어요. 신문기자가 되어 사람들에게 새로운 소식을 전해 주고 싶기도 했고, 외교관이 되어 우리나라가 다른 나라와 좋은 관계를 유지할 수 있도록 교류하는 일을 하고 싶기도 했어요. 물론 지금은 초등학교 선생님이 되어 여러분을 만나고 있지요. 이렇게 꿈은 중간중간 변하기도 한답니다.

지금 여러분이 꾸는 꿈이 몇 년 뒤에는 바뀔 수도 있고 처음 꾸었던 꿈을 이루지 못할 수도 있어요. 하지만 내가 무엇을 좋아하며, 앞으로 무엇을 하고 싶은지 꼭 생각해 보아야 해요. 꿈을 이루는 것도 중요하지만, 꿈을 이루기 위해 노력하는 과정이 그 무엇보다 소중하니까요.

물론 지금 꿈이 없다고 해도 괜찮아요. 공부를 하다 보면 그동안

은 몰랐던 자신의 꿈을 발견할 수 있어요. 과학 시간이 즐겁고 실험이 너무 재미있다면 과학자가 되고 싶을 수 있지요. 미술 시간에 나의 재능을 발견하고 화가가 되는 꿈을 꿀 수 있고요. 사회 시간에 공부한 '법'이 재밌어서 변호사가 되고 싶을 수도 있어요.

이처럼 공부를 하다 보면 평소에는 미처 알지 못했던 관심사와 내가 흥미 있어 하는 분야를 발견할 수 있고, 꿈도 생기게 될 거예요.

꿈 찾기

연습해 볼까요?

평소에 재미있거나 흥미를 느끼는 활동은 무엇인가요? 그리고 그 활동은 어떤 꿈과 연결될 수 있을까요?

예 동물 돌보기	➡	수의사
	➡	
	➡	

CHAPTER 2

어떤 마음으로 공부할까요?

 공부 태도

8. 책상에 앉으면 자꾸 다른 생각이 들어요

내 이야기를 들어 봐

"엄마, 저 지금부터 공부할 거예요!"

큰소리를 치고 앉았는데 책상이 너무 지저분하다.

이것만 치우고 해야지.

이제 정말 공부하려고 책을 폈는데

오늘 저녁 반찬이 궁금하다.

"엄마, 오늘 반찬 뭐예요~?"

이번엔 진짜로 집중해야지!

그런데 내일 시유랑 만나서 뭐 하고 놀지?

아이참, 왜 책상에만 앉으면 다른 생각이 들까?

집중하는 습관을 들이면 집중하는 시간이 늘어나요.

공부할 때는 '집중력(集中力)'이 필요해요. 집중력은 '마음이나 주의를 오로지 어느 한 사물에 쏟을 수 있는 힘'을 말해요. 즉, 공부에 집중한다는 것은 공부를 할 때 책의 내용에 온 신경을 다 쏟는다는 의미입니다.

집중력이 부족하면 공부를 할 때 주의가 산만하고 다른 생각을 하게 됩니다. 어떻게 해야 집중력을 키울 수 있을까요? 선생님이 쉽고 간단한 방법 세 가지를 알려 줄게요. 여러분 모두 공부하기 전에 실천해 보세요.

첫째, 공부를 시작하기 전 심호흡을 해 보세요. 코로 숨을 10초 동안 천천히 들이마시고, 20초 동안 입으로 내뱉는 거예요. 이렇게 심호흡을 하고 나면 마음이 차분하게 가라앉아 공부할 때 집중할 수 있습니다.

둘째, 주변 환경을 정리해요. 무엇을 어떻게 정리하냐고요? 일단 스마트폰을 꺼 두고 공부를 방해할 물건들을 책상에서 치워 두는 것이랍니다. 특히 책상 정리는 공부를 시작할 때 하는 것이 아니라 평소에 해 두어야 해요.

<mark>셋째, 스톱워치를 활용해 보세요.</mark> 스스로 계획한 일정에 따라 공부를 하되, 스톱워치로 공부한 시간을 구체적으로 기록하는 거예요. 그러면 내가 얼마나 집중했는지 정확한 시간을 알 수 있고, 집중하는 시간을 늘려 가며 공부할 수 있어요.

연습해 볼까요?

나는 얼마나 집중해서 공부할 수 있나요? 내가 오늘 공부에 집중한 시간을 기록해 보세요. 처음에는 짧더라도 점점 집중하는 시간이 늘어날 거예요.

　　　월　　　일　 오늘의 집중 시간:

　　　월　　　일　 오늘의 집중 시간:

　　　월　　　일　 오늘의 집중 시간:

★ 집중하는 시간이 얼마나 늘어났나요?

9. 유튜브 조금만 보고 공부하려고 했는데….

내 이야기를 들어 봐

자기조절력

"유튜브에서 슬라임 영상

딱 하나만 보고 숙제해야지!"

그런데 영상이 끝나자마자

새로운 추천 영상이 올라왔다. 하나만 더 볼까?

생각보다 너무 빨리 끝나잖아?

 아쉬운데 하나만 더 봐야겠다.

그렇게 한참 후에 고개를 들어 보니 벌써 밤이다.

눈도 아프고 숙제도 하나도 못 했어.

정말 큰일이야.

내 마음을 잘 다스리고 조절할 수 있어야 해요.

혹시 여러분은 동생이 있나요? 어린 동생은 본인의 감정에 충실합니다. 배가 고프면 울고 기분이 좋으면 웃어요. 화가 나면 잘 참지 못하고 떼를 씁니다. 소리를 지르기도 해요. 아직 나이가 어리기 때문에 스스로를 '조절'할 수 있는 능력, 즉 자기조절력이 부족해서 그렇습니다.

공부를 할 때도 자기조절력이 중요합니다. 내가 오늘 수학 문제집을 두 장 풀기로 했으면 그것부터 해야 해요. 계획한 일을 끝낸 후 다른 활동을 해야 하지요. 하지만 자기조절력이 부족한 사람은 유혹에 쉽게 빠져 어떤 것을 먼저 해야 되는지 잘 잊어버려요.

==누구나 하고 싶은 것만 할 수는 없어요. 가끔은 하고 싶은 것을 참거나 하기 싫은 것도 해야 해요.== 마음만으로 잘 안 된다면 어떤 일을 먼저 해야 하는지 계획을 세우고 기록해 보세요.

내가 세운 계획을 계속 확인하면서 하나씩 실천해 나가면 스스로 조절할 수 있는 힘이 생길 거예요.

내 마음의 주인은 바로 나 자신입니다. 내가 내 마음을 잘 다스리고 조절할 수 있도록 함께 노력해 봐요.

자기조절력

 연습해 볼까요?

여러분은 스스로 마음을 다스리고 계획을 잘 실천하나요? 오늘 하루를 돌아보고 아래에 적어 보세요.

오늘의 계획은 무엇인가요?	실천했나요?	마음을 잘 다스렸나요?
예) 동화책 1권 읽기	○	지윤이가 놀자고 했지만 계획을 지키기 위해 집에 와서 책을 읽었다.

10 포기하지 않고 노력하면 나도 할 수 있나요?

내 이야기를 들어 봐

줄넘기 이단 뛰기는 너무 어렵다.

앞자리에 앉은 지후도 짝꿍인 시윤이도

모두 할 수 있는데 나만 못 한다.

아무리 연습해도 자꾸만 실패한다.

심지어 오늘은 줄에 걸려 넘어졌다.

무릎이 까지고 아파서 눈물이 났다.

선생님께서는 포기하지 않으면

꼭 할 수 있을 거라고 말씀해 주셨다.

정말 포기하지 않고

매일 연습하면 나도 할 수 있을까?

끝까지 포기하지 않으면 반드시 이루어져요.

혹시 '그릿'이라는 말을 알고 있나요? 그릿(GRIT)은 성공할 수 있도록 도와주는 용기 혹은 투지를 뜻해요. 단순한 열정뿐 아니라 포기하지 않고 끝까지 매달리는 힘을 의미한답니다. 좀 어려운 말이지만 여러분이 살아가면서 힘든 일에 부딪혔을 때 큰 도움이 되는 능력이에요.

우리 주변에 멋지게 꿈을 이룬 사람들은 모두 공통적으로 그릿을 가지고 있어요. 하지만 요즘 어린이들은 무슨 일이든 금방 포기하고 싫증을 냅니다. 학교에서 선생님이 가장 많이 듣는 말 중 하나가 "망했다", "못 해요"예요.

미술 시간에 그림을 조금 그리다가, 국어 시간에 글을 조금 쓰다가 마음에 안 들면 "망했다"라고 말하며 포기해 버리지요. 실제로 해 보지도 않고 지레 겁을 먹고는 "못 해요"라고 말하는 친구들도 있어요. 여러분도 혹시 이런 말을 많이 쓰고 있나요?

우리는 누구나 꿈을 이루고 싶어 해요. 하지만 꿈을 이루기 위해서는 끝까지 포기하지 않고 도전하는 그릿이 필요해요. 포기는 배추를 세는 단위일 뿐이에요! 할 수 있다는 마음으로 도전해야 한답니다. "두드려라, 그러면 열릴 것이다"라는 말을 꼭 기억해 주세요.

그릿

내가 포기하지 않고 도전하고 싶은 일은 무엇인가요?

11 궁금한 걸 참을 수 없어요

내 이야기를 들어 봐

나는 궁금한 게 너무 많다.

선생님의 말씀 중에도

궁금한 것을 참을 수가 없다.

"선생님, 나비는 왜 천천히 날아요?"

"개구리는 왜 겨울을 싫어해요?"

수업 시간 내내 열심히 질문했다.

그런데 내가 손을 들 때마다 아이들이 째려본다.

하지만 궁금한 게 있으면

무엇이든 물어보라고 했는걸.

궁금증을 해결할 수 있는 다양한 방법을 찾아요.

호기심이 많다는 것은 무엇인가를 궁금해하고 더 알고 싶어 하는 마음이 크다는 의미예요. 특히 어릴 때에는 궁금한 것이 참 많아요. 세상에는 처음 보고 신기한 것들 투성이니까요. 모든 것이 새롭고 궁금합니다. 그럴 때마다 아빠, 엄마 또는 주변 어른들에게 물어보면 친절하게 하나하나 잘 알려 주시죠.

그런데 어릴 때에는 하루에 수십 개의 질문을 쏟아내던 아이도 초등학생이 되어서는 궁금해도 물어보지 않고 그냥 넘어가는 일이 많아집니다. 다른 친구들의 시선을 의식해 궁금한 것을 마음껏 물어볼 수 없기 때문이에요.

사실 질문이 많은 것은 아주 좋은 일이랍니다. 공부의 시작은 호기심을 느끼는 것이니까요. 무엇이든 궁금해하고, 연구해 보고, 잘 알게 되는 것이 중요해요. 하지만 수업 시간에 궁금한 것을 계속 물어볼 수는 없어요. 그러면 수업에 방해가 되고, 정작 수업 시간에 배워야 하는 다른 것들을 배울 수가 없기 때문이에요.

 그럼 언제 질문을 해야 할까요? 쉬는 시간에 선생님께 따로 물어보거나 혼자서도 답을 찾을 수 있는 질문들은 집에서 책이나 컴퓨터를 통해 해결할 수도 있어요. 호기심과 질문은 많을수록 좋답니다. 다만 그 답을 어떻게 찾을지 잘 생각해 봐야 합니다.

호기심

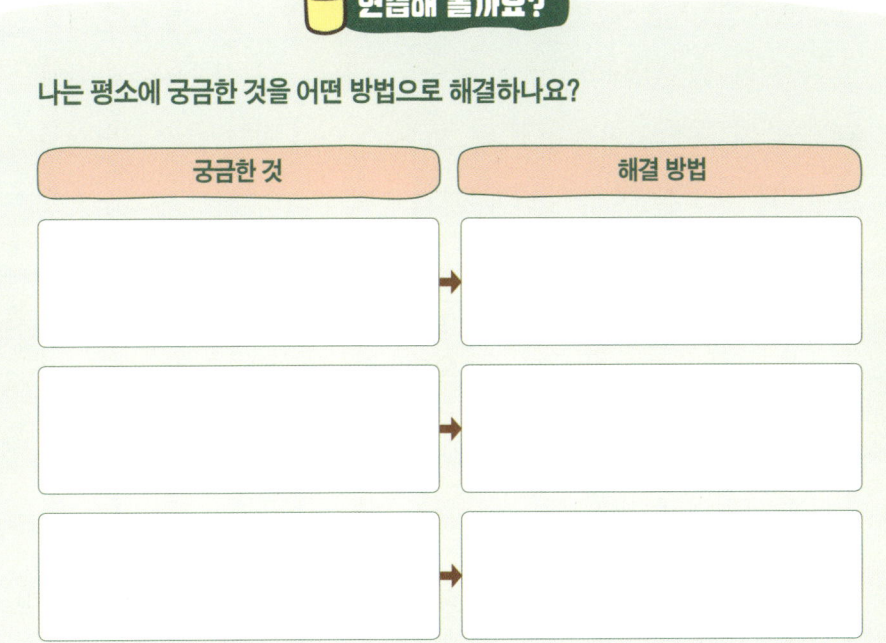

나는 평소에 궁금한 것을 어떤 방법으로 해결하나요?

궁금한 것	해결 방법

나만의 궁금증 해결 노트 만들기

호기심이 많은 것은 좋은 일이에요. 어렸을 때에는 부모님이나 주변의 어른들에게 궁금한 점에 대해 많이 물어봤지만, 초등학생은 스스로 궁금증을 해결할 수 있어야 한답니다.

그래서 선생님은 '나만의 궁금증 해결 노트'를 만들어 보길 추천해요. 궁금한 것, 해결 방법, 찾아낸 답을 공책에 적는 거예요. 잘 기록해 두면 나중에 그 공책을 보고 "아, 내가 이때 이런 궁금증이 있었고, 그 답은 이거였구나"라고 알 수 있겠죠?

노트에 날짜를 쓰고, 내가 궁금한 것이 무엇인지 하나씩 적고, 궁금증을 풀 수 있는 방법을 찾아보세요. 인터넷을 검색할 수도 있고, 도서관에서 책을 찾아볼 수도 있어요. 또는 부모님께 여쭤보거나 직접 실험해 볼 수도 있지요. 그렇게 자신이 찾게 된 답까지 기록해 두면 됩니다.

_____ 의 궁금증 해결 노트

날짜	궁금한 것	해결 방법	찾아낸 답
___년 ___월 ___일			
___년 ___월 ___일			
___년 ___월 ___일			
___년 ___월 ___일			
___년 ___월 ___일			

12 무조건 1등이 제일 좋아요

나는 뭐든지 1등을 하고 싶다.

공부도 1등, 달리기도 1등! 1등이 최고다.

1등을 하면 친구들의 부러움을 한 몸에 받는다.

부모님이 칭찬해 주시고 가족끼리 외식도 한다.

지난번 시험에서 1등을 하니

아빠가 최고 유행하는 스마트폰을 사 주셨다.

그런데 이번 시험에서는 수아가 1등을 했다.

아니, 어떻게 내가 1등이 아닐 수 있지?

이건 말도 안 돼!

1등이 되는 것보다 최선을 다했는지가 중요해요.

사람이라면 누구나 다른 사람과의 경쟁에서 이기고 싶은 욕구가 있어요. 그것을 '승부욕'이라고 부르는데, 선생님은 승부욕이 강해서 아들과 보드 게임을 하거나 배드민턴을 칠 때 절대 봐주는 법이 없답니다.

여러분 중에서도 유독 승부욕이 강한 사람이 있지요? 그런 친구들은 수학 단원평가도, 운동도, 미술도, 모두 1등이 되고 싶을 거예요. 하지만 우리는 각자 잘하는 것이 다 다르기 때문에 모든 면에서 1등이 되는 건 정말 어려운 일이랍니다.

하지만 1등이 되지 못했다고 해서 실패한 것은 아니에요. **1등보다 더 중요한 건 준비하는 과정에서 후회가 생기지 않을 만큼 얼마나 최선을 다했느냐 하는 점이거든요. 목표를 위해 고민하고 열심히 노력한 사람은 1등을 하는 것보다 스스로 성장하는 것을 더 중요하게 생각한답니다.**

선생님은 여러분이 당장 1등을 하는 것보다 훗날 내가 원하는 목표를 위해 꾸준히 노력하는 사람이 되었으면 좋겠어요.

그리고 1등을 한 친구에게 먼저 다가가 그 친구의 노력을 진심을 다해 축하해 주세요. "수아야, 1등을 한 걸 정말 진심으로 축하해!" 하고 말이에요. 그러면 축하를 받은 친구도, 축하를 해 준 여러분도 다음번에 더 열심히 해야겠다는 의지가 불끈 솟게 될 거예요.

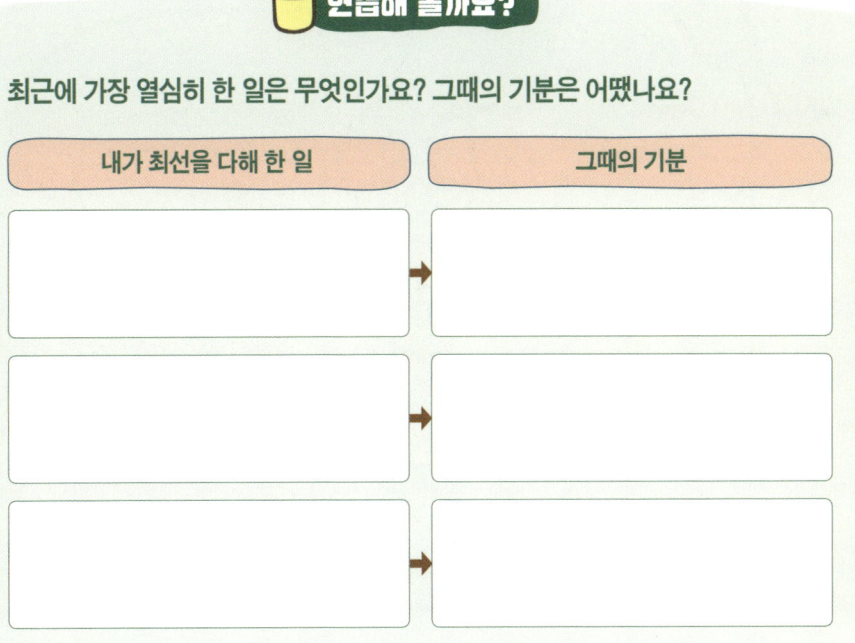

연습해 볼까요?

최근에 가장 열심히 한 일은 무엇인가요? 그때의 기분은 어땠나요?

내가 최선을 다해 한 일	그때의 기분

나는 머리가 나쁜 것 같아요

내 이야기를 들어 봐

우리 누나는 공부를 잘한다.

학교에서 언제나 1등이다.

다들 누나는 머리가 좋다고 말한다.

하지만 나는 누나와는 다르게 공부를 못한다.

이번에도 반에서 꼴찌를 했다.

아무래도 나는 머리가 나빠서

공부를 못하는 것 같다.

나도 머리가 좋으면

공부를 잘할 수 있을까?

방법을 알면 누구나 공부를 잘할 수 있어요.

 단원평가를 보고 채점한 시험지를 나눠 줄 때면 교실이 시끌벅적합니다. 아이들끼리 서로 점수를 묻고 비교하느라 바쁘지요. 늘 좋은 점수를 받는 친구가 있는가 하면, 그 친구의 점수를 부러워하는 친구도 있어요. 그중에는 '나는 머리가 나빠서 공부를 못해.' 하고 미리 실망하는 친구들도 있을 거고요.

 선생님은 공부를 잘하고 못하는 건 노력의 차이일 뿐이지, 머리의 좋고 나쁨 때문이 아니라고 생각해요. 학교에서 수업을 열심히 듣고 집에서 복습을 성실하게 한 친구라면 단원평가에서 좋은 점수를 받을 수 있어요. 스스로 머리가 나쁜 아이라고 단정 짓고 아무런 노력도 하지 않는다면 점점 더 안 좋은 결과를 받게 될 거예요.

 선생님이 공부 잘할 수 있는 팁을 알려 줄게요. 우선 수업 시간에 선생님과 눈을 많이 마주치고 궁금한 것이 있으면 질문도 해요. 수업만 집중해서 잘 들어도 충분히 공부를 잘 할 수 있답니다. 그 다음 집으로 돌아가서 그날 배운 내용들을 부모님 또는 형제자매 앞에서 설명해 보세요. 가족들 앞에서 선생님이 되어 보는 거예요.

그렇게 매일 꾸준히 해 나가다 보면 반드시 좋은 점수를 받고, 공부 잘하는 학생이 될 수 있어요. 당장의 점수에 실망하지 말고 자신의 가능성을 믿고 씩씩하게 공부하는 친구가 되길 바랄게요.

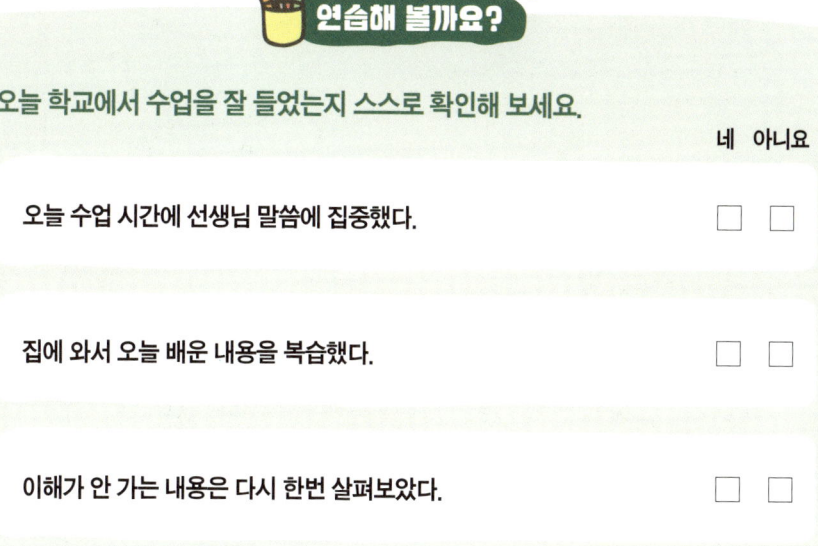

오늘 학교에서 수업을 잘 들었는지 스스로 확인해 보세요.

네 아니요

오늘 수업 시간에 선생님 말씀에 집중했다. ☐ ☐

집에 와서 오늘 배운 내용을 복습했다. ☐ ☐

이해가 안 가는 내용은 다시 한번 살펴보았다. ☐ ☐

14 나는 문제를 제일 빨리 풀어요

내 이야기를 들어 봐

나는 우리 반에서 문제를 제일 빨리 푼다.

우리 반에서 제일 똑똑한 반장보다
우리 반에서 달리기를 제일 잘하는 정후보다
문제 풀이만큼은 내가 더 빠르다!

나는야 스피드 왕!
오늘도 가장 빨리 문제를 풀고
손을 번쩍 들었다.

다 함께 답을 맞춰 보는데,
어라, 왜 자꾸 틀리는 거지?

빨리 하는 것보다 꼼꼼히 하는 게 중요해요.

선생님 반에도 문제를 빨리 푸는 학생이 있어요. 30분 동안 풀어야 하는데 10분이면 다 풀고 큰 소리로 말합니다. "선생님, 다 풀었어요! 다 푼 사람은 이제 뭐 해요?" 선생님이 확인해 보면 깜빡하고 빠뜨린 부분이 많지요.

공부를 잘하려면 꼼꼼해야 해요. 특히 문제를 풀 때는 차근차근 자세하게 읽어 봐야 하지요. 문제를 다 풀었으면 꼭 처음부터 다시 확인해야 하고요. 하지만 다른 사람보다 빠르게 하고 싶어서 다시 확인하지 않는 학생이 많아요. 그러다 보니 아는 문제를 틀리는 경우가 있어요. 심지어 수학 시험 마지막 페이지의 문제를 아예 안 푼 학생도 있었답니다.

단원평가나 시험뿐만 아니라 글쓰기, 그림 그리기 등 다른 모든 활동도 마찬가지예요. 빨리 하는 것보다 꼼꼼히 하는 게 더 중요해요. 다 했다면 다시 처음부터 하나씩 차분하게 확인해 봐야 하고요. 그러다 보면 처음에는 보이지 않았던 실수가 눈에 보인답니다.

　선생님은 반 친구들에게 시험지 뒤에 '1차 확인', '2차 확인'을 써 보도록 권해요. 문제를 다 풀고 선생님께 제출하기 전에 꼭 두 번 확인하라고 말해 줍니다. 실제로 이 방법으로 실수를 줄이게 되었다는 친구들도 있답니다. 여러분도 한번 실천해 보세요. 분명 도움이 될 거예요.

평소에 나는 꼼꼼한 편인가요? 만약 덤벙거려서 실수한 경험이 있다면 적어 보고, 다음에는 어떻게 해야 할지 생각해 보세요.

나의 실수:

다음에는 어떻게 해야 할까?:

CHAPTER 3

재미있게 공부하고 싶어요

 공부 방법

15. 재미있는 공부는 없나요?

내 이야기를 들어 봐

"이 문제는 어떻게 푸는 거더라?"

수학 문제를 푸는 건 어렵고 지루해.

그럼 영어 단어를 외워 볼까?

이 많은 걸 언제 다 외우지.

그럼 책을 읽어 볼까?

책을 읽으니 너무 졸려.

이따가 시윤이랑 놀기로 했는데

공부만 하면 시간이 너무 안 간다.

세상에 재미있는 공부는 없는 걸까?

공부 방법을 바꾸면 공부가 재미있어져요.

여러분은 공부가 재미있나요? 따분하고, 지루하고, 머리가 아프다는 친구들이 많을 거예요. 공부가 재미있다는 사람은 아주 드물어요. 그런데 선생님은 공부가 재밌어요. 진짜로요!

앞서 말했듯 공부는 꼭 책을 읽고 문제를 푸는 게 전부가 아니에요. 내가 몰랐던 것들을 배우고 알아 가는 모든 활동이 바로 공부입니다. 선생님은 공부를 통해 내가 몰랐던 사실을 새롭게 알게 되었을 때 얼마나 즐겁고 뿌듯한지 몰라요.

사실 공부는 굉장히 재미있는 것인데 '공부하는 방법'이 재미없기 때문에 지루하게 느껴지는 거예요. **어떻게 공부하느냐에 따라 공부가 재미있을 수도 있고, 재미없을 수도 있어요.** 선생님이 재미있게 공부할 수 있는 방법 두 가지를 알려 줄게요.

첫째, 노래를 좋아한다면 내가 공부한 내용을 랩으로 만들어 불러 보세요. 둘째, 친구들에게 공부를 가르쳐 준다고 상상해 보세요.

내가 선생님이라면 공부한 내용을 다른 친구들에게 어떻게 설명해 줄 수 있을지 상상하고 말해 보는 것도 좋아요.

이 외에도 다양한 방법을 찾아서 시도해 보세요. 내가 좋아하는 것들을 공부에 접목시키면 공부의 새로운 재미를 찾을 수 있을 거예요.

공부법

나만의 재미있는 공부 방법을 만들어 볼까요?

16. 좋아하는 과목만 공부하고 싶어요

내 이야기를 들어 봐

나는 세상에서 과학이 제일 좋다!

동물, 식물, 화산, 지진….

너무 신기하고 재미있다.

건우는 영어가 제일 좋다고 한다.

난 영어를 왜 배우는지 모르겠다.

외국에서 살 것도 아닌데

왜 영어를 공부해야 할까?

내가 제일 좋아하는 과학만

공부하면 안 되는 걸까?

다양한 과목을 배우면 할 수 있는 일이 많아져요.

여러분이 좋아하는 과목과 싫어하는 과목은 무엇인가요? 좋아하는 과목을 배울 때는 신나고 즐거울 거예요. 싫어하는 과목을 배울 때는 따분하고 귀찮게 느껴질 거고요. 대체 왜 배워야 하는지 이유도 모르겠지요. 우리는 왜 많은 과목을 공부해야 할까요? 좋아하는 공부만 하고 살 수는 없는 걸까요?

우리는 초등학교부터 고등학교까지 12년을 공부해요. 국어, 수학, 영어, 과학, 사회, 역사 등 학년이 높아질수록 배워야 하는 과목도 늘어납니다. 우리가 학교에서 이런 과목들을 공부하는 이유는 이것들이 앞으로 여러분의 인생에 도움이 되기 때문이에요. 어릴 때 공부한 지식과 경험으로 우리는 많은 일들을 해 나가게 되거든요.

예를 들어 수학 공부를 하면 돈 계산을 척척 잘할 수 있게 되고, 영어를 열심히 배우면 다른 나라 사람들과 자유롭게 대화를 나눌 수도 있어요.

지금 이렇게 다양한 과목의 기초 지식들을 배우면 내가 무엇을 잘하는지, 또 무엇을 공부할 때 신이 나는지 깨달을 수 있답니다. 그 경험으로 대학교에 가서 내가 좋아하는 공부에 집중할 수 있게 되고요. 음식을 골고루 먹어야 건강하게 자랄 수 있는 것처럼 공부도 편식하지 말고 골고루 해 나가는 여러분이 되길 응원합니다.

과목

내가 가장 좋아하는 과목과 싫어하는 과목은 무엇인가요?

1. 좋아하는 과목:

   좋아하는 이유:

2. 싫어하는 과목:

   공부해야 하는 이유:

17 나는 숫자가 너무 싫어요

"현서야, 오늘은 수학 문제집 풀어야 해.

어제도 안 하고 넘어갔잖아."

오늘은 꼭 수학 공부를 하라고 엄마가 말씀하셨다.

책도 읽었고, 숙제도 다 했는데

꼭 수학 문제 풀기만 마지막에 남는다.

나는 숫자만 보면 머리가 뱅글뱅글 돈다.

수학은 너무 어렵고 재미가 없다.

나는 세상에서 숫자가 제일 싫어!

숫자와 친해지면 수학이 쉬워질 거예요.

초등학생들이 학교에서 배우는 과목 중에서 다른 친구들과 실력 차이가 가장 크게 나타나는 과목이 무엇일까요? 바로 수학이에요. 왜냐하면 수학은 1학년 때 배웠던 내용을 바탕으로 2학년 때는 조금 더 어려운 내용을, 3학년 때에는 그보다 더 어려워진 내용을 배우기 때문이에요.

예를 들어 볼까요? 1학년 1학기에는 1단원에서 〈9까지의 수〉를 배우고, 5단원에서 〈50까지의 수〉를 배워요. 2학기가 되어 가장 처음 배우는 것은 〈100까지의 수〉입니다. 2학년은 어떨까요? 1학기 1단원에서 〈세 자리 수〉를, 2학기 1단원에서 〈네 자리 수〉를 배웁니다.

만약 〈9까지의 수〉를 모르면 그 이후에 배우게 되는 〈50까지의 수〉, 〈100까지의 수〉도 이해할 수 없어요. 이처럼 수학은 앞의 학년에서 배웠던 내용이 조금씩 어려워진 모습으로 나중에 또 나오기 때문에 앞에서 조금이라도 이해하지 못하는 내용이 있으면 공부하기가 더 힘들어져요. 그래서 지금 배우는 내용을 꼭 정확하게 알고 지나가야 해요.

물론 숫자가 싫고, 수학이 어려울 수 있어요. 선생님도 어렸을 때 그랬으니까요. 이때 좋은 방법이 있어요. 바로 수학 동화를 읽어 보는 거예요. 도서관이나 서점에 가서 수학 동화책들을 읽으면 숫자가 친숙하게 느껴질 거예요.

부모님과 함께 마트에 갔을 때 물건의 가격표를 본 적 있지요? 용돈을 모아 장난감을 살 때 얼마씩 얼마나 오래 모아야 하는지 계산해 본 적도 있을 거예요. 이렇게 평소에 숫자와 가까이 지낸다면 어느 순간 숫자를 싫어하는 마음이 눈 녹듯이 사라질 거랍니다.

연산을 열심히 연습하면 숫자와 제법 친해질 수 있어요. 우리 주위에서 볼 수 있는 숫자들을 활용해 하루에 하나씩 연산 문제를 만들고 부모님과 함께 풀어 보세요.

내 휴대폰 번호 뒷자리는 1234이다.
오늘의 연산 문제: 12 + 34 = ?

숫자와 친해지는 세 가지 방법

우리 주변에는 숫자와 관련된 것들이 굉장히 많아요. 그래서 숫자와 친해지면 좀 더 즐겁고 편하게 생활할 수 있답니다. 숫자와 친해지는 방법을 함께 알아볼까요?

1 주변에서 볼 수 있는 숫자 찾기

지금 한번 주변을 둘러보세요. 숫자와 관련된 것들이 보이나요? 집에 있는 체중계, 병원이나 학교에서 키를 재는 측정기도 모두 숫자로 되어 있어요. 학교에 걸려 있는 달력, 거실에 있는 TV 리모컨, 마트에서 보는 장난감의 가격표도 모두 숫자입니다. 우리가 매일 만나는 숫자를 유심히 관찰해 보세요.

2 숫자의 쓰임새를 알아보기

숫자는 다양한 쓰임새를 가지고 있어요. 엘리베이터에 써 있는 숫자는 층의 순서나 위치를 나타냅니다. 달력과 시계에 있는 숫자는 날짜와 시각을 나타내고, 운동선수의 등 번호는 이름 대신 쓰이기도 합니다. 이처럼 숫자가 일상생활에서 어떤 역할을 하고 있는지 알아

보면 더 이상 숫자가 낯설지 않을 거예요.

3 숫자로 재미있게 놀기

 숫자와 좀 더 친해지기 위한 마지막 방법은 바로 '숫자로 놀기'랍니다. 부모님이나 친구들과 루미큐브 같은 수학 보드 게임을 하거나 빙고 놀이를 해 보세요. 특히 빙고 놀이는 연필과 종이만 있으면 언제든 할 수 있어요.

 우선 종이에 가로세로 5줄씩 25칸을 그리세요. 1부터 25까지의 숫자를 빙고 판에 적고 한 명씩 돌아가면서 숫자를 부른 다음 먼저 한 줄을 완성하는 사람이 빙고를 외치면 된답니다. 이 외에도 주사위 두 개를 던져서 나온 두 숫자를 연산하기, 바둑알을 가지고 홀짝 맞히기 등도 숫자와 친해질 수 있는 재미있는 놀이랍니다.

18

내 짝꿍은 혼자서도 공부를 열심히 한대요

유나는 혼자서도 공부 계획표를 잘 만든다.

나도 유나처럼 멋진 계획표를 만들어 볼까?

우선 엄마가 동화책을 읽으라고 했고,

영어 단어를 10개 외우라고 했고,

또 뭐가 있었지?

엄마가 알려 주지 않으면

무엇을 공부해야 할지 모르겠다.

유나는 어떻게 혼자서도 잘하는 거지?

"엄마 나 이제 뭐 해야 해요?"

공부는 스스로 할 수 있어야 해요.

여러분은 '혼공'이라는 단어를 들어 봤나요? 말 그대로 '혼자 공부'의 줄임말이랍니다. 좀 더 어려운 말로는 '자기주도학습'이라고도 해요. 스스로 알아서 공부한다는 뜻이지요.

어릴 때는 방법을 잘 몰라서 자기주도학습을 하기가 어려워요. 그렇기 때문에 학원에 다니는 것부터 숙제를 하고 책을 읽는 것, 집에서 복습하는 것까지 부모님의 계획대로 따라가게 돼요.

초등학교 저학년까지는 부모님의 말씀대로 행동하며 계획을 짜는 방법을 배우고, 자신한테 잘 맞는 공부 방법을 익혀 나가면 된답니다. 하지만 학년이 올라갈수록 공부의 주도권을 스스로 잡아야 해요. 결국 공부는 부모님이 아닌 내가 하는 것이기 때문입니다.

어떻게 하면 혼자서도 공부를 잘할 수 있을까요? 바로 '계획', '실천', '반성'의 단계를 매일 거치는 것입니다. 공부하기 전에 스스로 계획을 짜고, 그 계획을 따라 공부해 보세요. 그리고 잠자리에 들기 전에 오늘 하루 동안 계획을 잘 실천했는지, 고칠 점은 없었는지 반성해 보는 거예요. 이 연습을 매일 한다면 머지않아 여러분도 유나처럼 혼자서도 잘하는 친구가 될 수 있어요.

나는 혼자서 공부를 잘하고 있을까요? 아래 문항에 답해 보세요.

	문항	잘하고 있어요 (2점)	해 본 적 있어요 (1점)	하지 않아요 (0점)
1	공부를 시작하기 전에 계획표를 만든다.			
2	어떤 순서로 공부해야 할지 스스로 정한다.			
3	어떤 과목을 얼마만큼 공부할지 스스로 정한다.			
4	계획에 따라 성실하게 공부한다.			
5	공부를 한 후에는 계획을 잘 실천했는지 점검한다.			

나는 [　　　]점입니다.

8~10점　혼공 왕이에요! 앞으로도 힘내요.
4~7점　조금만 노력하면 혼자서 더 잘할 수 있어요.
0~3점　스스로 공부할 수 있도록 더 노력해 볼까요?

19. 유튜브에서 다 알려 주는데 왜 책을 읽어요?

독서

어제 친구랑 노느라

책 읽어 오는 숙제를 못 했다. 어떻게 하지?

발을 동동 구르며 걱정하고 있는데

짝꿍인 서인이가 유튜브를 보면 된다고 알려 줬다.

우와! 정말 유튜브를 검색했더니

어제 학교에서 배운 수학 문제 풀이도 있고

동화책 내용도 전부 알려 주잖아?

유튜브에는 없는 게 없다.

유튜브만 보면 다 알 수 있는데

왜 책을 읽어야 하지?

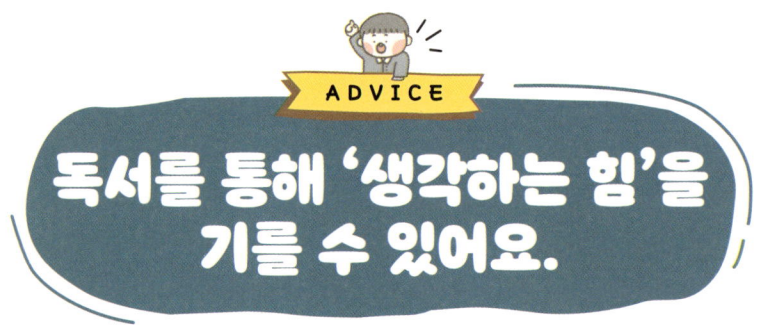

유튜브에는 학교에서 배우는 수업 내용뿐 아니라 동화책 줄거리, 요리 방법, 여행 후기, 물건 사용법 등 다양한 주제의 재밌고 즐거운 영상들이 가득합니다. 잘 모르는 것도 자세하게 설명해 주지요.

굳이 책을 읽지 않고 유튜브만 봐도 내용을 다 알 수 있는데 왜 어른들은 책을 읽으라고 하는 걸까요? 바로 유튜브가 '생각하는 힘'을 빼앗아 가기 때문이에요.

유튜브 영상을 보거나 게임을 할 때 그리고 TV를 시청할 때는 깊이 생각할 필요가 없습니다. 자극적이고 재미있는 영상이 머리에 그대로 들어오니 많은 걸 손쉽게 배웠다고 착각하게 되지요. 하지만 이 정보들은 우리가 생각하고 고민해 볼 틈을 주지 않아요. 깊이 생각하지 않으면 우리 두뇌는 발달하지 않는답니다.

반면 책을 읽을 때는 생각을 많이 하게 됩니다. 책을 읽으려면 앞의 내용을 기억해야 하고, 장면을 머릿속에 떠올리면서 상상할 수 있어야 하지요. 그렇기 때문에 책을 읽으면 머리를 많이 쓰게 되고, 특히 두뇌의 '전두엽'이란 곳이 활성화됩니다.

또 책을 읽으면 상상력, 창의력, 논리력, 표현력, 배경지식 등이 쌓입니다. 이 모든 게 '생각하는 힘'이랍니다. 지금 당장 눈에 보이지는 않지만 꾸준히 읽는다면 언젠가는 공부를 더 잘할 수 있도록 도와주는 소중한 자산이 될 거예요.

독서

 연습해 볼까요?

내가 친구들에게 추천해 주고 싶은 책과 그 이유를 써 보세요.

추천하는 책:

추천하는 이유:

책에서 제일 좋았던 장면:

20 글 쓰는 게 세상에서 제일 어려워요

내 이야기를 들어 봐

오늘은 글쓰기를 하는 날이다.

선생님께서 '나의 꿈'을 써 보라고 하셨다.

글을 쓰려니까 머릿속이 하얘진다.

도대체 무슨 말을 써야 하지?

내가 우물쭈물하자 선생님께서 물으셨다.

"나중에 어떤 일을 하고 싶니?"

"저는 수의사가 되고 싶어요.

아픈 동물들을 치료해 줄 거예요!"

어라, 말로 하면 이렇게 쉬운데

글을 쓰는 건 왜 어려운 거지?

하루에 두 줄만 써도 글쓰기가 쉬워져요.

초등학교 때 글쓰기를 하는 건 굉장히 중요해요. 그런데 대부분 학생들은 글쓰기를 어려워하고 싫어합니다. 글 쓰는 시간이 제일 싫다고 말하는 친구들도 많아요. 학교에서는 국어 시간뿐 아니라 사회, 과학, 심지어 수학 시간에도 글을 써야 한답니다. 글쓰기가 쉬워지면 학교 수업도 더 재미있고 즐거워지겠죠?

어떻게 하면 글쓰기가 쉬워지고 글도 잘 쓸 수 있을까요? 비법은 아주 간단해요. 우선 매일 짧은 글이라도 써 봐야 해요. 어떻게 매일 글을 쓰냐고요? 선생님이 쉬운 방법을 알려 줄게요.

하루에 딱 두 줄만 써 보세요. 공책을 하나 준비해 학교에서 집에 돌아오면 한 줄은 학교에서 있었던 일을 씁니다. 나머지 한 줄은 그것에 대한 여러분의 생각이나 느낌을 쓰면 돼요. 정말 쉽지요? 대신 두 줄 쓰기를 매일 해야 해요. 그렇게 두 달만 꾸준하게 실천해 보세요. 분명 글쓰기 실력이 부쩍 성장해 있을 거예요.

글은 쓸수록 실력이 늘어납니다. 우리가 글쓰기를 어려워하고 잘 못하는 이유는 평소에 글을 안 쓰기 때문이에요. "티끌 모아 태산"이라는 말처럼 매일 쓰면 반드시 달라질 수 있답니다.

글쓰기

 연습해 볼까요?

오늘 있었던 일과 그 일에 대한 생각을 각각 한 줄씩 써 보세요.

오늘 있었던 일:

그 일에 대한 내 생각이나 느낌:

일기와 독후감을 잘 쓰고 싶어요!

학교에서 글쓰기 숙제가 많지요? 일기도 써야 하고, 독후감도 써야 하고, 과학 시간에는 탐구보고서도 써야 해요. 앞서 말한 것처럼 글은 쓸수록 쉬워지고 실력이 쑥쑥 늘어요. 하지만 아직 글쓰기가 두려운 친구들을 위해 선생님이 일기도 독후감도 쉽게 쓸 수 있는 방법을 알려 줄게요.

1 매일 다른 주제로 일기 쓰기

여러분은 주로 일상생활에서 있었던 다양한 일 중 가장 기억에 남는 것을 일기로 쓸 거예요. 놀이공원에 가거나 가족끼리 외식을 한 날이면 쓸 말이 많겠지만 매일 특별한 일이 있기는 힘들어요. 평소와 똑같은 하루를 보냈다면 무엇을 써야 하나 고민이 생기고 그래서 일기 쓰기가 어렵게 느껴지는 것이랍니다. 결국 일기에서 제일 어려운 건 주제 선택이지요.

그렇다면 요일마다 다른 주제를 정해서 일기를 써 보세요. 훨씬 재밌고 쉽게 쓸 수 있어요. 예를 들어 월요일은 과학 일기, 화요일은 문학 일기, 수요일은 체육 일기, 목요일은 역사 일기, 금요일은 취

미 일기 등 다양한 주제로 써 보는 거예요. 여러분만의 일기 주제를 발견해 보는 것도 좋아요. 사실 이름만 붙이면 모든 주제가 일기가 될 수 있답니다.

2 장면을 떠올리며 독후감 쓰기

독후감은 꾸준히 작성하면 많은 장점이 있어요. 하지만 대부분 학생이 독후감 쓰기를 어려워해요. 선생님 반에는 독후감을 써야 한다는 부담감에 책 읽기가 싫어졌다는 친구도 있었어요.

독후감을 꼭 문방구에서 파는 독서기록장에 쓸 필요는 없어요. 줄글 공책에 책 읽은 날짜, 책 제목, 줄거리 한 줄, 읽고 난 후 생각이나 느낌 한 줄 정도만 써도 충분해요.

특히 책을 재밌게 읽었는데도 막상 글을 쓰려니 내용이 잘 떠오르지 않는다면 책을 읽을 때 주요 장면이 있는 책장에 스티커를 붙여 보세요. 가장 웃겼던 장면, 슬펐던 장면, 놀랐던 장면 등을 표시해 두면 독후감 쓰기가 훨씬 쉬워져요.

21. 외우는 건 너무 힘들어요

내 이야기를 들어 봐

"오늘 배운 내용은 꼭 암기하세요.

내일 쪽지 시험을 볼 거예요."

오늘은 교과서에 별표를 친 단어가 3개나 있었다.

꼭 외워야 한다고 선생님께서 말씀하셨다.

처음 보는 말이 많아서 자꾸 헷갈린다.

핵심 단어도 외워야 하고

구구단도 외워야 하고

영어 단어도 외워야 한다.

공부를 잘하려면 정말 다 외워야 하는 걸까?

나만의 방법을 만들면 외우는 게 쉬워져요.

공부를 한다는 건 여러분이 잘 모르는 내용을 배우고 익히는 것이에요. 당연히 어렵고 낯설 수밖에 없어요. 처음 들어 보는 말이 많고 용어도 생소한 게 당연합니다.

공부를 할 때 중요한 개념이나 뜻은 암기해야 하지만 학교에서 배우는 모든 내용을 다 외울 필요는 없어요. 외우는 것보다 이해하는 것이 더 중요하기 때문이에요.

사람은 컴퓨터가 아니기 때문에 외울 수 있는 양에 한계가 있어요. 하지만 그렇다고 암기를 소홀히 해서는 안 됩니다. 어떤 단어나 뜻은 정확하게 외우고 있어야 좀 더 깊이 생각하며 발전시켜 나갈 수 있어요. 단어를 모르면 문장을 이해할 수 없는 것과 마찬가지지요.

차근차근 외우고 이해하다 보면 나중에는 내가 어떤 것을 외워야 하는지, 어떤 것을 외우지 않고 넘어가도 되는지 스스로 판단할 수 있는 눈이 생깁니다. 그때까지는 교과서도 열심히 보고, 헷갈

리지 않도록 꼼꼼하게 암기해야 해요.

  만약 외우는 게 많이 어렵다면 자신만의 암기 방법을 만들어 보길 추천해요. 나중에 5학년이 되면 실과 시간에 영양소에 대해 배우게 됩니다. 5대 영양소인 탄수화물, 단백질, 지방, 무기질, 비타민은 꼭 외워야 하지요. 선생님은 이 영양소들을 앞글자만 따서 '탄단지무비'라고 외웠답니다. 어떤가요. 생각보다 쉽게 외울 수 있겠지요?

암기

연습해 볼까요?

암기를 잘하기 위한 나만의 방법을 만들어 볼까요? 노래로 만들어 외워도 좋고, 동화처럼 이야기를 꾸며서 외워도 쉽게 암기할 수 있답니다.

1.
2.
3.

CHAPTER 4

공부 습관을 만들어요

 공부 습관

22. 목표가 꼭 있어야 하나요?

내 이야기를 들어 봐

서연이는 쉬는 시간마다 책을 읽는다.

책은 나중에 읽고 같이 놀자고 말하면

바빠서 안 된다고 한다.

"내가 정한 목표를 채우려면 책을 열심히 읽어야 해."

목표? 그게 뭐지?

서연이는 1학기 동안 책 50권을 읽기로

목표를 정했다고 했다.

나는 목표 같은 거 없는데….

목표가 생기면 책 읽기가 재미있어지는 걸까?

목표가 있으면 포기하지 않는 용기가 생겨요.

여러분은 목표가 있나요? 목표를 정하는 것은 쉽게 말하면, 내가 원하는 것을 이루기 위해서 구체적으로 무엇을 할지 생각하는 것이랍니다.

공부는 목표부터 정해야 해요. 대부분 어린이들은 구체적인 목표 없이 그냥 무작정 공부합니다. 부모님이 시키니까, 학교에 다니니까, 선생님이 단원평가를 본다고 말하니까 공부하지요. 하지만 공부에도 목표가 있어야 해요. 목표를 이루기 위해서 공부한다면 힘들어도 포기하지 않는 용기가 생기고 좋은 결과를 얻을 수 있어요.

목표는 어떻게 정할 수 있을까요? 내가 무엇을 좋아하는지, 무엇을 하고 싶은지, 그것을 이루기 위해 어떤 일들을 하면 좋을지 생각해 보면 됩니다. 예를 들어, 나의 꿈이 아픈 동물을 치료해 주는 수의사가 되는 것이라면 어릴 때부터 과학 공부를 열심히 하고 책을 많이 읽는 것을 목표로 삼을 수 있어요.

목표는 꼭 공부에만 해당하는 이야기가 아니에요. 책을 읽거나 운동을 하거나, 음악을 듣는 등의 활동을 할 때에도 구체적인 목표를 정해 보세요. 책 50권 읽기, 줄넘기 이단 뛰기에 성공하기 등 뚜렷한 목표가 있다면 좀 더 즐겁게 집중해서 할 수 있게 됩니다.

목표는 너무 크고 멀리 있는 것보다 구체적이고 가까운 것으로 정해야 해요. 너무 오래 걸리고 당장 이루기 힘든 목표를 정하면 중간에 힘이 빠지고 포기하고 싶어져요. 목표를 정했으면 반드시 꾸준하게 실천해야 한다는 점, 잊지 마세요!

목표

올해 나의 목표는 무엇인가요? 숫자를 넣어서 구체적으로 정해 보세요.

1.

2.

3.

23 우선 놀고 나서 공부하면 안 돼요?

내 이야기를 들어 봐

학교가 끝나고 집에 가는데

재민이가 함께 놀자고 했다.

이번에 새로 나온 보드 게임을 샀다고 한다.

재민이네 집에는 장난감이 많아서

같이 놀면 정말 신나고 재밌다.

오늘은 집에서 수학 숙제를 한 다음에

책 2권을 읽기로 엄마와 약속했는데….

우선 재민이와 놀고 난 다음에

공부를 해도 될까?

우선순위

더 중요한 순서대로 우선순위를 정해요.

　모든 일에는 우선순위가 있어요. 눈앞에 해야 할 일이 여러 가지가 있을 때 무엇을 먼저 할지 순서를 정해야 해요. 많은 학생이 숙제도 해야 하고 책도 읽어야 하지만 친구와 놀고 싶기도 할 거예요. 하지만 세 가지 일을 동시에 할 수는 없어요. 순서를 정해서 하나씩 차례대로 해야 해요.

　그럼 우리는 어떤 일을 먼저 해야 할까요? 우선순위를 정할 때에는 그 일이 얼마나 중요한지, 시간은 얼마나 걸리는지 등을 생각해서 결정해야 해요. 그리고 우선순위를 정했으면 그대로 실천해야 한답니다.

　간혹 꼭 해야 할 숙제가 있는데 놀고 싶은 마음에 우선 놀고 나서 나중에 숙제를 하려는 친구들이 있어요. 하지만 당장 급하고 꼭 해야 하는 건 숙제입니다. 숙제는 오늘 끝내야 하는 선생님과 나의 '약속'이지만 친구와 노는 것은 언제든 할 수 있는 일이니까요.

이것도 하고 싶고, 저것도 하고 싶어서 우선순위를 정하기 어렵다면 선생님이나 부모님께 도움을 청해 보세요. 어떤 일이 더 중요한지 함께 대화를 나눠 보고 정해 보세요. 처음에는 어렵지만 조금만 연습하면 스스로 일의 순서를 정할 수 있답니다.

우선순위

 연습해 볼까요?

부모님과 함께 다음 일들의 우선순위를 정해 봅시다. 어떤 일이 가장 중요할까요?

동화책 읽기, 숙제하기, 방 청소하기, 유튜브 보기, 친구와 놀기, 부모님 심부름하기

1.
2.
3.
4.
5.
6.

우선순위를 잘 지키는 네 가지 방법

우선순위를 정했는데 그대로 실천하기 어려울 때가 있을 거예요. 숙제를 가장 먼저 해야 하는데 아무래도 지금은 조금 쉬고 싶을 때가 있으니까요. 여러분이 정한 우선순위를 잘 지킬 수 있는 방법을 알려 줄게요. 다음 네 가지의 순서대로 따라 해 보세요.

1 내가 할 일 모두 기록하기

빈 종이에 오늘 해야 할 일이 무엇인지 적어 보세요. 수학 단원평가 공부하기, 국어 글쓰기 숙제하기, 그림 그리기, 방 청소하기, 부모님 심부름하기 등 해야 할 일을 빠짐없이 기록하면 됩니다.

2 일의 순서 정하기

내가 적은 내용을 보면서 각각의 일이 얼마나 중요하고, 빨리 해야 하는지, 시간이 얼마나 걸릴지 등을 생각해 보세요. 중요도를 상, 중, 하로 나누어서 옆에 써 넣으면 한눈에 살펴보기 좋답니다.

3 눈에 잘 보이는 곳에 놓기

내가 지금 무엇을 해야 있는지, 다음에는 또 어떤 일을 해야 하는지 기억나지 않을 때가 있지요? 지금 할 일과 다음에 할 일을 잊지 않고 실천하는 게 중요해요. 내가 적은 기록표를 책상 앞, 냉장고, 공부방 문 앞 등 눈에 잘 보이는 곳에 붙여 두고 수시로 확인해 보세요.

4 끝까지 마무리하기

한번 시작한 일은 끝까지 해야 해요. 재미가 없어서, 지루해서 중간에 포기하거나 다른 일을 하면 우선순위가 흐트러지고 이것도 저것도 제대로 하지 못하게 됩니다. 지금 하고 있는 일을 끝낸 후 다른 일을 할 수 있도록 합니다.

24. 공부에도 계획이 있어야 한대요

내 이야기를 들어 봐

지윤이는 우리 반에서 공부를 제일 잘한다.

나랑 학원도 같이 다니고

우리 집에도 자주 놀러 온다.

오늘은 집에서 같이 공부하는데 엄마가 우리에게

얼마만큼 공부할 계획인지 물어보셨다.

지윤이는 수학 문제 10개를 풀 거라고 했다.

나는 생각 안 해봤는데….

공부 계획은 왜 세워야 하는 걸까?

그냥 공부하면 되는 거 아닌가?

ADVICE
계획은 나와의 약속이에요.

여러분은 방학 때 생활 계획표를 세워 본 적 있나요? 방학 때에는 학교에 가지 않기 때문에 자칫하면 게으른 생활을 할 수 있어요.

평소 학교에 갈 때에는 아침 7시 30분에 일어나는데 방학 때에는 실컷 늦잠을 자는 거죠. 점심도 배고플 때 먹고, 밤에 잠도 늦게 자고요. 그렇게 생활하면 하루가 그냥 지나가게 된답니다. 그래서 선생님은 반 아이들에게 꼭 방학 생활 계획표를 세우라고 권합니다.

계획은 방학 때에만 세우는 게 아니라 공부할 때에도 세워야 해요. **내가 오늘 언제, 어떤 과목을, 얼마나 공부할지 꼼꼼하게 계획을 세우고 그 계획에 따라야 하지요.** 특히 시간을 자유롭게 사용할 수 있는 주말에는 공부 계획표가 더욱 필요해요.

만약 토요일이라면 아침 몇 시에 일어나고 오전에 무슨 공부를 할지, 오후에는 또 어떤 책을 볼지 구체적으로 계획을 세워 보세요. 물론 계획대로 완벽하게 실천하지 못할 수도 있어요. 하지만 다 지키지 못해도 괜찮아요. 내가 스스로 계획을 세우고 그것을 실천하려고 노력하는 것이 중요하니까요.

계획은 나와의 약속이에요. 오늘부터 매일 계획을 세우는 습관을 가져 보세요. 계획을 세우는 습관은 나중에 어른이 되어서도 시간을 효율적으로 사용하는 데 큰 도움이 된답니다.

공부 계획

오늘의 공부 계획은 무엇인가요?

공부할 과목:

공부할 양:

공부 시간:

25

수업 시간에 배운 내용이 기억 안 나요

엄마가 오늘 학교에서 무엇을 배웠는지 물어보셨다.

"6단 곱셈구구를 배웠어요!"

"그럼 엄마랑 같이 해 볼까?"

엄마한테 내 멋진 모습을 보여 줘야지!

어라, 근데 정말 이상하다.

분명히 배울 때는 쉬웠는데 막상 대답하려니

잘 기억이 나지 않는다.

수업 시간에 배운 내용을 까먹지 않으려면

어떻게 해야 할까?

복습을 해야 진짜 내 것이 돼요.

　학교에서 수업을 들으면 공부가 끝난 것일까요? 아니랍니다. 선생님의 설명은 쉽게 머리에 들어오지만 잡아 두지 않으면 쉽게 도망가기도 해요. 수업을 듣는 것은 여러분이 직접 공부한 게 아니기 때문이에요. 오늘 수업 시간에 배운 내용을 진짜 내 것으로 만들기 위해서는 스스로 다시 공부해야 해요.

　여러분은 복습을 잘하고 있나요? 복습은 이미 배운 것을 다시 익히는 걸 말해요. 사람은 누구나 배운 내용을 금방 잊어버려요 그래서 오랫동안 기억하기 위해 복습을 해야 합니다.

　물론 복습을 해도 영원히 기억하는 건 아니에요. 그래서 복습은 한 번만 하는 것이 아니랍니다. 잊어버릴 만하면 그때 또다시 복습해야 하지요. 내가 배웠던 내용들을 직접 말이나 글로 표현할 수 있어야 진짜 공부를 한 것이랍니다.

　집에서 다시 한번 책을 보면서 수업 시간에 배웠던 내용을 떠올려 보세요. 복습을 할 때는 공책에 다시 정리해 봐도 되고, 혼자 입으로 중얼거려 봐도 좋아요.

복습

오늘 학교에서 배운 내용을 떠올려 보세요. 만약 오늘 배운 것을 부모님께 잘 설명할 수 없다면 다시 한번 교과서를 펴고 복습해 보세요.

오늘 배운 것:

26. 공책 정리를 꼭 해야 하나요?

공책 정리

내 짝꿍인 재연이는 수업 시간에

공책 정리를 열심히 한다.

"공책에 필기하면

오늘 무엇을 배웠는지 훨씬 잘 기억나."

그런데 뒷자리에 앉은 시훈이가 콧방귀를 뀌었다.

"나는 공책 없이도 다 외울 수 있어!"

재연이의 말도 맞는 것 같고,

시훈이의 말도 맞는 것 같다.

공책 정리를 꼭 해야 할까?

공책에 정리하면 더 오래 기억할 수 있어요.

여러분은 공부한 내용을 적는 공책이 있나요? 알림장, 일기장, 독서기록장 말고 국어, 수학 등 학교에서 배우는 과목을 정리하는 공책 말이에요. 아마 공부 공책이 없는 학생도 많을 거예요.

선생님은 학생들에게 꼭 공책 정리를 하라고 추천해요. 물론 가만히 앉아서 수업을 들으면 편하고 좋지만, **공책에 정리해 두면 나중에 기억해 내기가 훨씬 더 좋기 때문이에요.** 그리고 복습할 때도 유용하게 사용할 수 있고요.

교과서에 다 있는 내용 아니냐고요? 물론 대부분 교과서에 있지만, 선생님이 교과서에 나오지 않는 설명을 해 주실 때도 있어요. 더 알아 두면 도움이 되는 것들이지요. 이런 내용은 까먹게 되면 다시 찾아보기 힘듭니다. 이때 공책에 미리 잘 정리해 두었다면 큰 도움이 되겠지요?

각 과목마다 공책을 한 권씩 준비해서 배운 내용 중 중요한 것을 정리해 보세요. 수업의 모든 내용을 다 적을 필요는 없어요. 핵심 단어와 그 뜻만 적어도 충분해요. 짧게라도 기록해 두면 언제라도 다시 볼 수 있는 진짜 나만의 공부가 된답니다.

공책 정리

 연습해 볼까요?

공책에 공부 내용을 정리해 두면 어떤 점이 좋을까요? 여러분의 생각을 들려주세요.

1.

2.

3.

27 매일 공부한 내용을 확인해야 한다고요?

내 이야기를 들어 봐

선생님께서 오늘 밤에는 자기 전에

하루 동안 공부한 것을 일기처럼 써 보라고 하셨다.

오늘 학교에서 국어 시간에 무엇을 배웠더라?

탐구 시간에는 실험을 했는데….

그냥 일기는 잘 쓸 수 있는데

공부 일기를 쓰려니

아무리 생각해도 떠오르지 않는다.

공부한 것을 되돌아보면

정말 공부에 도움이 될까?

공부 일기

오늘의 공부를 되돌아보며 하루를 마무리해요.

　공부 일기는 말 그대로 내가 하루 동안 무엇을, 얼마나 공부했는지 그 내용을 쓰는 것이에요. 공부 일기를 쓰는 건 쉽지 않아요. 막상 쓰려고 하면 "오늘 OO 공부를 했다" 단 한 줄만 떠오르는 친구들이 대부분일 거예요.

　공부 일기는 누구에게 보여 주기 위해서가 아니라 내가 공부한 내용을 오랫동안 기억하기 위해서 쓰는 거예요. 그래서 '느낀 점'을 구체적으로 쓰는 게 중요해요.

　단순히 '오늘 과학 실험을 했다'라고 쓰는 것보다 '오늘 올챙이를 관찰하는 과학 실험을 했는데 올챙이가 헤엄치는 모습이 너무 신기했다. 꼬리를 흔들면서 앞으로 나가는 모습이 귀여웠다. 개구리가 될 때 뒷다리부터 나온다고 한다. 새로운 사실을 알게 되어 기쁘다'라고 쓰는 것이 훨씬 기억에 오래 남는답니다.

　공부 일기는 줄글로 작성해도 되고, 생각나는 단어를 써도 되고,

그림으로 표현해도 좋아요. 만약 오늘 공부한 내용이 잘 기억나지 않는다면 다시 책을 꺼내서 찾아봐도 괜찮아요. 물론 공부한 내용을 전부 다 쓸 필요는 없어요. 한 과목만 정해서 써도 돼요. 처음에는 쉽지 않겠지만 공부 일기를 작성하는 습관이 생길 수 있도록 오늘부터 꾸준하게 실천해 보세요.

공부 일기

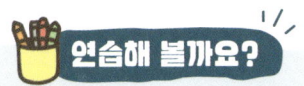

오늘 학교에서 배운 것을 시간 순서대로 나열해 볼까요?

1.

2.

3.

그중에서 하나를 골라 느낀 점을 써 보세요.

느낀 점:

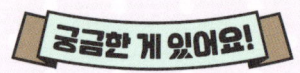

공부 일기를 어떻게 써야 해요?

공부 일기를 쓰기 위해서는 먼저 오늘 어떤 공부를 했는지 생각해 봐야겠지요? 오늘 공부한 내용을 아래에 나열해 보세요. 이때는 간단하게 한 줄씩 적어도 됩니다.

1.

2.

3.

4.

이 중에서 하나를 골라 보세요. 하나를 선택했다면 지금부터는 공부한 내용을 좀 더 자세하게 적어요. 만약 기억이 잘 안 난다면 교과서를 펼치거나 필기 노트를 꺼내서 살펴보세요.
그다음은 꼭 기억해야 하는 단어나 개념을 한 번 더 확인해요. 마지막으로 느낀 점을 적어 넣으면 공부 일기 완성이에요!

_____의 공부 일기

2022년 ___월 ___일 ___요일

공부한 과목

공부한 내용

그중 가장 중요한 내용

공부하면서 느낀 점

아홉 살 공부 습관 사전

초판 1쇄 발행 2022년 4월 19일
초판 2쇄 발행 2022년 5월 23일

글 해피이선생(이상학) **그림** 홍차
펴낸이 김선식

경영총괄 김은영
책임편집 김단비 **책임마케터** 오서영
콘텐츠사업7팀장 김민정 **콘텐츠사업7팀** 김단비, 권예경
편집관리팀 조세현, 백설희 **저작권팀** 한승빈, 김재원, 이슬
마케팅본부장 권장규 **마케팅1팀** 최혜령, 오서영
미디어홍보본부장 정명찬 **홍보팀** 안지혜, 김은지, 박재연, 이소영, 김민정, 오수미
뉴미디어팀 허지호, 박지수, 임유나, 송희진, 홍수경
재무관리팀 하미선, 윤이경, 김재경, 오지영, 안혜선
인사총무팀 이우철, 김혜진, 황호준
제작관리팀 박상민, 최완규, 이지우, 김소영, 김진경, 양지환
물류관리팀 김형기, 김선진, 한유현, 민주홍, 전태환, 전태연, 양문현
외부 스태프 디자인 빅웨이브

펴낸곳 다산북스 **출판등록** 2005년 12월 23일 제313-2005-00277호
주소 경기도 파주시 회동길 490 다산북스 파주사옥
전화 02-704-1724 **팩스** 02-703-2219 **이메일** dasanbooks@dasanbooks.com
홈페이지 www.dasanbooks.com **블로그** blog.naver.com/dasan_books
용지 IPP **인쇄** 한영문화사 **코팅 및 후가공** 제이오엘앤피 **제본** 대원바인더리

ISBN 979-11-306-8978-4 (74370)   979-11-306-8977-7 (74370) 세트

- 책값은 뒤표지에 있습니다.
- 파본은 구입하신 서점에서 교환해드립니다.
- KC마크는 이 제품이 공통안전기준에 적합하였음을 의미합니다.
- 이 책은 저작권법에 의하여 보호를 받는 저작물이므로 무단 전재와 복제를 금합니다.

다산북스(DASANBOOKS)는 독자 여러분의 책에 관한 아이디어와 원고 투고를 기쁜 마음으로 기다리고 있습니다. 책 출간을 원하는 아이디어가 있으신 분은 다산북스 홈페이지 '원고투고'란으로 간단한 개요와 취지, 연락처 등을 보내주세요. 머뭇거리지 말고 문을 두드리세요.